Stephan Wackwitz

EURE FREIHEIT, UNSERE FREIHEIT

Stephan Wackwitz

EURE FREIHEIT, UNSERE FREIHEIT

Was wir von Osteuropa lernen könnten

edition.fotoTAPETA__Essay

Ich erzähle Geschichten, *in denen sich die Geschichte meiner letzten Jahrzehnte spiegelt. Ein ganzes und ein halbes dieser Jahrzehnte habe ich in Ländern verbracht, die fast fünfzig Jahre lang hinter der Weltgrenze lagen, die Churchill 1946 als „eisernen Vorhang" bezeichnet hat. Die plötzliche Öffnung dieser Grenze im Jahr 1989 ist das wichtigste historische Ereignis meiner Lebenszeit gewesen. Es hat mich nicht nur intellektuell beschäftigt, sondern meine gesamte Person und mein ganzes Leben bis in die entlegenste Innenwelt revolutioniert. Deshalb kann ich über die sechzehn Jahre, die ich zwischen Ost und West verbracht habe, nicht aus der Distanz des politikwissenschaftlichen Beobachters sprechen. Ich muss über sie aus einer persönlichen Perspektive erzählen – wenn auch mit möglichst sorgfältigem Blick auf das, was ich über diese Länder und ihre Geschichte gelesen habe und zu wissen glaube. Die Aussagefähigkeit von Geschichten liegt irgendwo zwischen persönlicher Idiosynkrasie und politischer Wissenschaft. Auch deshalb haben sie für mich den Vorzug, wahr zu sein. Sie können allerdings nur eine Art von Wahrheit beanspruchen, die sich bewusst ist, dass Augenzeugenberichte vor Gericht wenig gelten. Geschichten sind wahr, solange sie dauern. Deshalb darf man mit dem Erzählen nie aufhören.*

Die Störche

In das Jahr 1995 fällt eine Art Vorspiel. Ich war mit meiner Freundin für ein paar Tage nach Wien gefahren, um das Erscheinen meines zweiten Buchs zu feiern. Und als mir bewusst wurde, dass 60 Kilometer östlich von hier die slowakische Hauptstadt Bratislava lag, wo sich damals ein halbes Jahrhundert lang der westliche Außenposten des sowjetischen Imperiums befunden hatte, entstand die intensive – mir damals selbst verrückt vorkommende – Idee, für einen Nachmittag dort hinzufahren. Diese Idee war im Jahr 1995, was man sich heute einigermaßen mühsam ins Bewusstsein zurückrufen muss, fast ein bisschen bizarr. Meine Freundin, die sofort dagegen war, fand sie „wieder mal typisch" für mich. Sie werde keinesfalls mit mir „in den Ostblock" fahren. Wir seien nach Wien gekommen, um in den Prater zu gehen, ins Kaffeehaus und ins Museum, nicht für irgendwelche exotischen politischen Exkursionen. Der Nachmittag in Bratislava kam 1995 nicht zustande, aber die Idee blieb, als eine Art unverwirklichtes politisches Konzeptkunstwerk. „Von vielen Punkten sieht man die Feste Preßburg, an der die große Straße scharf vorbeibiegt, gleich der vor Kafkas Schloss" hatte Theodor W. Adorno kurz vor seinem Tod geschrieben, in einem Reisebericht, in dem es um eine Fahrt von Wien aus in die Donauauen, nach Fischamend und an die slowakische Grenze geht.

Der Philosoph hätte 1967 meine 1995 so eigenartige Sehnsucht verstanden. Hinter jenem Vorhang, das fühlte ich damals, lag etwas lebensgeschichtlich Entscheidendes. Ich musste dort hin, so dringend wie der Landvermesser in Kafkas Roman in das ihm unbegreifliche Schloss. Drei Jahre später sah ich Bratislava dann wirklich. Ich fuhr auf fast nur aus Schlaglöchern bestehenden Straßen von Wien aus nach Norden, in Richtung Krakau, für eine Vorbesichtigung. Mein Arbeitgeber hatte im Herbst 1998 zu meinem nicht geringen Schrecken beschlossen, mich zum Jahresende nach Polen zu versetzen.

Hinter der Feste Preßburg öffneten sich endlose Getreidefelder, und die Sonne sank gegen den ringsum pusztamäßig weiten Horizont. Im Städtchen Trenčín dann, am frühen Abend: ein altösterreichisches Hotel, wo man über den Westgast sehr erstaunt war. In der Lobby öffnete sich ein Panoramafester auf den Burgfelsen, an den sich das Hotel gleichsam anlehnt. Im zweiten Jahrhundert nach Christus hatte ein Pioniertrupp der römischen Armee, die damals zwischen Donau und Karpaten unter Marc Aurel gegen die Markomannen Krieg führte, eine Inschrift eingemeißelt. Nach dem Abendessen unternahm ich einen Gang durch die Gassen Trenčíns. Sie waren dicht gedrängt von hübschen, schick angezogenen jungen Leuten, die in den Straßencafés saßen, vor dem Eingang in Musikklubs eine

Zigarette rauchten, sich amüsierten und eine Energie verkörperten, die ich aus München nicht kannte. Ich begriff, dass hier ein halber Kontinent in die Freiheit entlassen worden war. Früh am nächsten Morgen Rührei und ein irgendwie östlich schmeckendes Weißbrot zum Frühstück. Die Ahnung eines neuen, heißen Sommertags und in den Vorbergen der Karpaten vor dem Pass musste ich scharf bremsen für eine Gruppe von fünf Störchen, die die Fahrbahn in großer Ruhe nach dem Getier absuchten, von dem Störche nun einmal leben. Ich hatte noch nie einen Storch aus der Nähe gesehen. Europa war plötzlich eine noch nicht bekannte Wirklichkeit, die sich zusammensetzte aus letzten Ausläufern derselben Vergangenheit, deren Hauptstädte Rom, Konstantinopel und Trier gewesen waren, etwas seit Jahrzehnten unberührt Altmodischem und jener zukunftsweisenden, jungen Energie.

Damals begann für mich ein kulturelles, sprachliches und politisches Bildungserlebnis, das 16 Jahre dauern und mich zu einem zeitweiligen ausländischen Mitbürger von Krakau, Bratislava, Tbilissi und Minsk machen sollte. Dieses Bildungserlebnis prägt meinen Freundeskreis und meine Solidaritäten bis heute. Es ist für meine Generation eher untypisch. Man kann die deutschen Autorinnen und Politiker, mit denen ich es teile, an einer Hand abzählen: Ralf Fücks, Marieluise Beck, Christian Semler, Karl Schlögel, Gerd

Koenen – mehr fallen einem schon nicht mehr ein. Während die Chefs meiner Alterskohorte – Schröder, Fischer, Benneter, Trittin, *you name them* – seit 1999 in der Heimat lauter vernünftige Dinge beschlossen, die ihrem bisherigen politischen Lebensweg diametral widersprachen und für die sie auf ihren Parteitagen mit scharfem Liebesentzug bestraft wurden, übernahmen es meine neuen Freunde und Freundinnen – ohne dass sie es wussten oder wollten –, das in die Jahre gekommene Kind von Marx und Coca-Cola zu einem überzeugten Westler, Atlantiker und *american liberal* umzuarbeiten. Es war eine lebensgeschichtliche Kehre von den Italienaufenthalten und PCI-Sympathien, den Paris-Trips und Südfrankreichfahrten der siebziger Jahre in Länder und Gesellschaften, die jahrzehntelang nur als grau, kalt, öde, bemitleidenswert und gefährlich in einer abgelegenen Gegend meiner inneren Landkarte gelegen hatten. Man musste, das wusste ich als Linker, mit diesen Menschen, Städten und Staaten zwar irgendwie solidarisch sein. Aber freiwillig hinzufahren wäre mir im Traum nicht eingefallen. Jetzt tat sich eine neue Welt auf.

Paradoxerweise brachte mich meine persönliche Osterweiterung zwar in eine mentale Distanz von den reichen und hedonistischen westeuropäischen Gesellschaften, in denen ich aufgewachsen war und die ich als junger Mann bereist hatte, zugleich aber dazu, mich zum ersten Mal intensiv mit der transatlantischen angelsächsischen Tradition auseinanderzusetzen. Sie nämlich war meinen polnischen Gesprächspartnern viel präsenter als die deutschen Diskussionen, die unter der Hand ein eher provinzielles Aussehen anzunehmen begannen. Abonnements des „New Yorker" und der „New York Review of Books", Bücher von Stanley Fish, Isaiah Berlin, Kingsley Amis und Philipp Larkin reisten per Post und in Amazon-Paketen nach Krakau. Aber meine *éducation sentimentale* beinhaltete auch scheinbar ganz unpolitische Bildungserfahrungen. Ein Hang zu abgeschabter, aber hoch korrekter Herrenbekleidung, oft dandyistisch angeschärft durch (im Westen schon ganz unübliche) Hüte, Foulards, Handschuhe und Fliegen, berührte mich nostalgisch und sympathisch. Das Nachleben der Flamboyanz vergangener Zeit in den Garderoben, Gesten, Pelzmänteln, Galanterieerwartungen, Absatzhöhen und Koketterieritualen der Frauen legten einen Horizont altmodischer Erotik über den Alltag. Ich begegnete dezidiert katholischen Gesprächspartnern, die mit mir über Heidegger, Derrida und Richard Rorty diskutierten. Die osteuropäische Küche wurde zu einer Obsession. Die reichen Perioden, ausgedehnten Vokabelfamilien und grammatikalischen Folgerichtigkeiten des Polnischen, in die ich mich einzuarbeiten begann, brachten halbvergessene Erinnerungen an meinen Lateinunterricht wieder herauf. Die Gedichte und Essays Adam Zagajewskis und Czesław Miłosz, die ich nur in den unzureichenden Übersetzungen Karl Dedecius' kannte und deshalb total unterschätzt hatte, kamen mir in kompetenten englischsprachigen Versionen entgegen und wurden zu wichtigen Figuren meines inneren Pantheons. Ich las, staunend und zum ersten Mal, Joseph Brodsky. Mir wurde bewusst, dass der mittelosteuropäische Widerstand gegen Sowjetokkupation und Kommunismus ein intellektuell bedeutendes, literarisch-politisches Universum hervorgebracht hatte, in dem ich mich jetzt umzusehen begann.

Die Krakauer Szene war zu Beginn des Jahrhunderts geprägt von einer eher unwahrscheinlichen historischen Allianz der altoppositionellen polnischen „Intelligencja" der achtziger Jahre – literarisch orientiert, umgetrieben von politisch-moralischen Fragestellungen, innerlich verwurzelt in den Konstellationen des antikommunistischen Untergrundkampfs – mit sehr zeitgenössischen jungen Internationalisten, die auf ihren Laptops englisch mit Gleichinteressierten in aller Welt vor allem über visuelle Kunst und elektronische Musik korrespondierten und sich in New York so gut auskannten wie in den Klubs des Krakauer Stadtteils Kazimierz. Zu meinem Erstaunen stellte ich fest, dass all diese Leute – sie dachten, fühlten und sahen aus wie ich – aus grundlegend anderen Richtungen auf vergleichbare Positionen gekommen waren wie ich. Das Freiheitspathos meiner neuen Freunde, Vorbilder und Partner war nicht „links“ inspiriert, sondern liberal-katholisch. Sie hatten in oppositionellen Krakauer Wohnküchen vergleichbare Sozialisationen durchgemacht wie meine westlichen Freunde in marxistischen Berliner Wohngemeinschaften. Ihr Befreiungsheld war in den achtziger Jahren nicht Daniel Ortega gewesen, sondern Ronald Reagan. Ihr Verhältnis zu ihrer Nationalität war geprägt von dem Gefühl der Zugehörigkeit, der Verantwortung – und durchaus auch vom Stolz darauf: Pole und Polin zu sein. Ihre Variante der sexuellen Revolution war nicht von Wilhelm Reich oder Magnus Hirschfeld inspiriert, aber dafür war ihnen eine romantisch chevalereske Auffassung aller Geschlechterverhältnisse in fast zivilreligiöser Inbrunst heilig. Und jeder und jede sprach mit jedem und jeder.

Adam Michnik

Dass ich meinerseits Menschen, die von 1945 bis 1989 im Staatssozalismus leben mussten, nicht mit den (durchaus noch vorhandenen) Resten meines linken Antikapitalismus auf die Nerven ging, gebot schon der Takt. Aber in Polen trat mir darüberhinaus die hier neugeborene bürgerliche Demokratie (eine Staatsform, die für mich jahrzehntelang wie Horst Ehmke oder Helmut Kohl ausgesehen hatte) in der Gestalt des ehemaligen Dissidenten und heutigen Verlegers und *elder statesman* Adam Michnik entgegen, eines der coolsten Menschen, die mir je begegnet sind. Es war im Herbst 2000, auf dem Kongress der Internationalen Benjamin-Gesellschaft in Barcelona. Der große Mann war 54 damals. Ich unterhielt mich in der Septembersonne von Port Bou mit einer mir oberflächlich bekannten jungen Dame aus Krakau, die sich als seine Reisebegleiterin herausstellte. Michnik trat plötzlich dazu, schüttelte mir die Hand und ließ mir das berühmte „Michnik-Treatment" angedeihen. Diese gesellschaftliche Technik ist sein wirksamstes politisches Kapital und besteht darin, dass Adam einem bereits bei der ersten Begegnung das Gefühl vermittelt, man würde ihn schon ewig kennen. Ich habe noch nie eine so herzerwärmende Kommunikationsbegabung kennengelernt wie die Adam Michniks. Dieser Politiker interessiert sich wirklich für Menschen. Und es ist ihm egal, ob derjenige, mit dem er spricht – und er spricht ununterbrochen, fast als wollte er der Welt beweisen, wie wenig es ihm ausmacht, dass er stottert –, ein Unbekannter ist oder ein Ministerpräsident, ein Linker oder ein Rechter, sein Freund oder sein Feind. Ein Gespräch zwischen ihm und General Wojciech Jaruzelski, dem Mann, der 1981 einer sowjetischen Invasion durch die Ausrufung des Kriegsrechts zuvorgekommen war (Michnik ging in der Folge ins Gefängnis), erschien 1993 in Deutschland als Buch. Als der polnische Präsident Lech Kaczyński 2010 in Smolensk tödlich verunglückt war, schrieb Michnik über seine letzte Begegnung mit dem Mann, der ideologisch so ziemlich für alles stand, wogegen er zeitlebens gekämpft hatte. Die beiden hatten einen Spaziergang miteinander gemacht und darüber gesprochen, was sie als zwei polnische Patrioten gemeinsam für ihr Land tun könnten.

An jenem Septembertag im Jahr 2000 schien die spanische Sonne, es war inzwischen früher Nachmittag. Adam schwitzte, Adam rauchte, Adam stotterte. Er fasste einen am Arm, er legte einem die Hand auf die Schulter, er stellte mich ununterbrochen allen möglichen Leuten vor. Adam ist in einer Weise großzügig mit seiner Zuwendung, die man als verklemmter Westeuropäer gar nicht für möglich hält. Mit dem Schlachtruf „Viktoria!“ brachte er eine Flasche Cognac herbei, die er in irgendeinem Supermarkt aufgetrieben hatte. Es dauerte nicht lang und seine Entourage, zu der ich kurzerhand kooptiert worden war, befand sich in der anarchischen Heiterkeit eines kleinen Frühnachmittagsräuschchens. Es ging, während wir von Benjamins Sterbeort und Grab wieder zu unserem Kongress in der Universität Barcelona fuhren, in unserem Eisenbahnabteil um die europäische Einigung, Korruptionsfälle in Polen, den Papst, Gedichte von Zbigniew Herbert. Zwischendurch rief der Ministerpräsident auf Michniks Handy an, und er verschwand eine Weile im Gang. Wir machten die restliche Flasche Cognac nieder, und als wir im Hauptbahnhof von Barcelona ankamen, gehörte Michnik zu den Menschen, an denen ich mich für den Rest meines Lebens politisch orientieren würde.

Ich habe ihn später nur noch ein paarmal wiedergesehen. Was ich damals über meiner nun immer intensiver werdenden Lektüre seiner Artikel, Reden und vor allem Interviews gelernt habe, ist eine seltene, tröstliche und erheiternde Verbindung von umstandslosem Pragmatismus und einer libidinösen Besetzung der Demokratie mit derselben jugendlich-utopischen Seelenenergie, die meine Generation, irregeleitet wie wenige vor ihr, Mao-Tse-Tung, Lenin, dem „real existierenden Sozialismus" und all dem übrigen Unsinn hat angedeihen lassen. „Während der Diktatur bestand der wesentliche Unterschied zwischen uns und den revolutionären Bewegungen darin, dass wir, die antikommunistische Opposition, uns nie irgendwelchen Illusionen über die Utopie einer perfekten Gesellschaft hingegeben haben", sagte er 2001. „Ich glaube an ‚Die unvollkommene Gesellschaft', um einen Buchtitel von Milovan Djilas zu zitieren. Deshalb bin ich nicht desillusioniert über die Demokratie. Ihr Idealisten im Westen seid das vielleicht! Aber westliche Intellektuelle haben es auch zu ihrer Spezialität gemacht, ihre Hoffnungen auf den Vietkong, Fidel Castro, Mao, die Sowjetunion, die Sandinisten und weißgottwen alles zu setzen. Unsere Bewegung – die von Václav Havel in der Tschechoslowakei, die von Andrei Sacharow in der Sowjetunion, die Solidarność – hat nicht nach Utopien gestrebt. Was wir wollten, war die Rückkehr zur Normalität. Natürlich haben wir die westliche Demokratie idealisiert. Aber das hat uns nicht davon abgehalten, einen moralischen Kampf zu führen gegen Korruption, Arbeitslosigkeit und Armut und für die Errichtung eines faireren Systems. Aber ein Kennzeichen dieses Kampfs besteht darin, dass er nie vorbei ist. Er ist endlos, wie der des Sisyphus."

Und so ging es weiter mit mir und den Menschen, die ich damals kennenlernte. Nicht zuletzt die Europäische Union sieht für mich anders aus, seit ich im verschneiten Januar 1999 nach Krakau gekommen bin. Bedeutsamer irgendwie. Ich sehe sie heute mit mitteleuropäischen Augen. Die EU verkörpert, von Polen aus gesehen, jene Utopie der politischen Unvollkommenheit, die Adam Michnik, Václav Havel, Andrei Sacharow während der dunklen Zeit des Totalitarismus vorgeschwebt hatte und deren Gestalt ihre gemeinsamen osteuropäischen Gewährsleute von Czesław Miłosz bis Isaiah Berlin skizziert hatten.

Ich machte Bekanntschaft mit dem antitotalitären östlichen Europa-Narrativ. 2011 würde es mir in Georgien begegnen, wo vor jedem Rathaus noch im kleinsten Dorf neben der georgischen rührenderweise auch die EU-Fahne hängt, obwohl das Land noch längst kein Mitglied der EU ist. Die Europäische Union, das begriff ich jedoch schon in Polen, lebt (wie dem berühmten Böckenförde-Theorem zufolge die Demokratie überhaupt) von geistigen Vorrausetzungen und Traditionen, die sie selbst nicht herstellen kann. Ein grundlegendes dieser sinngebenden Narrative Europas ist die osteuropäische Freiheitstradition, die von den autoritären Regierungen, die in dieser Weltregion im Moment teilweise an die Macht gekommen sind, nur verdeckt wird, aber durchaus nicht ausgelöscht ist. Es ist, neben der deutsch-französischen Aussöhnung in der Zeit Adenauers und De Gaulles und dem Lissabon-Prozess der Nuller Jahre unseres Jahrhunderts eine der geistigen Ressourcen der europäischen Integration. Das antitotalitäre osteuropäische EU-Narrativ war damals, von Krakau aus gesehen, die Utopie eines nicht abreißenden solidarischen Gesprächs, die Utopie der experimentellen Demokratie. Der Gast aus dem theorieverliebten und ideologieversessenen Deutschland hatte es mit dankbarer Verblüffung erlebt: Es gab zu Beginn des Jahrhunderts in Polen kaum Sprechverbote und auch keine politisch korrekten Empfindlichkeiten. Die polnischen

Reformer hatten zu viel Gemeinsames zu erreichen und zu tun, als dass sie Zeit gehabt hätten, politische Abgrenzungsrituale zu pflegen. Die pragmatistische Überzeugung, dass es nicht darauf ankommt, welche ideologischen Letztbegründungen jemand hat, sondern darauf, was man für ein gemeinsames Ziel tun kann, war das Grundgefühl meiner polnischen Jahre. Es gab so viele gemeinsame Ziele, niemand hatte Zeit für politische Abgrenzungsrituale. Und der selbstverständliche Bezugspunkt all dieser Gespräche und Solidaritäten war eben der polnische Beitritt zur EU. Nicht deshalb, weil man deren offiziösen Vertretern, geschweige ihren Agenturen in Brüssel utopische oder überhaupt allzu enthusiastische Gefühle entgegengebracht hätten. Es war eher so, dass wir das politische Europa und dessen Institutionen als eine Art politischen Schutzschirm betrachteten, der uns erlauben würde, unsere internationalen kulturellen Verbündeten unbehindert nach Krakau einzuladen, ohne Visum zu Ausstellungen in Deutschland und Großbritannien zu fliegen, mit dem Auto über die löchrige Autobahn in einem Nachmittag nach Berlin zu fahren. Die EU war eher eine Voraussetzung der Internationalität, die uns vorschwebte, als deren Ziel: selbstverständlich und ein bisschen langweilig. Der Krakauer Utopismus jener Jahre war eher amerikanisch gefärbt, als dass er sich auf Deutschland oder die Europäische Union bezogen hätte. Unterdessen war der *braindrain* beträchtlich. Die jungen polnischen Internationalisten machten jetzt ihre internationalen Karrieren. Der polnische EU-Beitritt ermöglichte ihnen, im Ausland zu zeigen, was in ihnen steckte.

Longue durée

Wenn ich seither meine eigene Skepsis von der Notwendigkeit der EU überzeugen will, führe ich mir nicht den politisch-ästhetischen Habitus von Ska Keller, Martin Schulz oder Robert Menasse vor Augen und ich denke auch nicht an die autoritären Kleptokratien, die in einigen östlichen Nachbarstaaten derzeit leider Wahlerfolge erzielen. Wert und Wichtigkeit der EU erscheinen mir in in der Erinnerung an Krakau zu Beginn des Jahrhunderts. In den Gesichtern meiner damaligen Freunde und Freundinnen. Und, da die Vergangenheit in Polen nie von der Gegenwart getrennt, sondern in vielfältiger Weise in sie verwoben ist: in der literarischen Imago von romantischen Dichtern und Revolutionären wie Adam Mickiewicz oder Tadeusz Kościuszko. In der Gestalt des Nobelpreisträgers Czesław Miłosz, der Schriftsteller Ryszard Krynicki und Adam Zagajewski, der Literaturwissenschaftlerin Maria Janion. Die europäische Einigung in Gestalt der EU kommt, wie ich seit meiner Zeit in Krakau weiß, von weit her, aus Zeittiefen und demokratischen Kämpfen, die viel älter und ehrwürdiger sind als die oft drittklassigen Politiker und Publizisten, die sie heute repräsentieren und propagieren. Und es ist überhaupt nicht ausgemacht, dass die EU nicht bald wieder so aussehen wird wie diese polnischen Mentoren und Idealfiguren meiner Westbindung. Mittelosteuropa ist die Weltgegend der *longue durée de la démocratie.* Die Orientierung an langen Zeiträumen und Traditionslinien ist überhaupt etwas, was man in Osteuropa lernen kann, in einer Weltgegend, die jahrhundertelang auf ihre Freiheit warten und für sie kämpfen musste.

Im ukrainischen Lviv zum Beispiel erzählte man mir 2019 in den hochmodernen Glas- und Betonkonstruktionen der katholischen Universität voller Stolz, die Gründung einer katholischen ukrainischen Universität in Lemberg sei den Polen im Versailler Vertrag von den Siegermächten aufgetragen worden, ein Versprechen, das sich die ukrainische Nation erst heute, unter eigener Regie, selbst erfüllt habe. Wer im Westen weiß heute, was in den Verträgen von Versailles gestanden hat? Aber für die Ukrainer ist bis heute jedes historische Versprechen der Freiheit eine Zusage, an der sie sich festhalten und auf deren Erfüllung sie hinarbeiten. Niemand hat 2014 die Reden angereister westlicher Politiker über Freiheit und Demokratie so ernstgenommen wie die Besetzer des Maidan. Man hatte den Eindruck, dass zum Beispiel Guido Westerwelle geradezu erschrocken war darüber, wie ernst man ihn hier plötzlich nahm, blutig ernst. Der deutsche Außenminister hatte auf dem Maidan halt wieder einmal so daherreden wollen, wie er das eben gewohnt war, und fand sich plötzlich wieder in der Rolle eines Tadeusz Kościuszko.

Das ist die osteuropäische *longue durée.* Der polnische Nationalfeiertag am 3. Mai erinnert an ein Verfassungsdokument, das vor über 200 Jahren, 1791 nämlich, auf Verlangen einer Whig-Mehrheit im Sejm durch den polnischen König verkündet wurde. Es war die weltweit zweite demokratische Verfassung nach der amerikanischen „Declaration of Independence". Schon zwei Jahre später ist sie durch die zweite polnische Teilung wieder außer Kraft gesetzt worden. Erst heute kann sich das Land angstfrei und offiziell an diese weltgeschichtliche Inkunabel der Demokratie erinnern. Der Text von 1791 ist erst jetzt lebendige Gegenwart. Oder: Die polnische Nationalhymne ist der Marsch einer vom General Jan Dąbrowski nach der dritten polnischen Teilung 1795 aufgestellten Legion, die in den napoleonischen Kriegen in Italien gegen die Armeen des Habsburgerreichs operierte, in der (vergeblichen) Hoffnung, im Rahmen der Neuordnung Europas durch Napoleon ihre Nation und ihre Demokratie wiedererobern zu können. Erst 1926 wurde dieses Marschlied aus dem achtzehnten Jahrhundert zur Hymne eines modernen Staats. Europa ist von Polen, von der Ukraine, von Georgien aus gesehen immer noch ein Kontinent der demokratischen Revolution. „Für unsere Freiheit und eure!" Der Slogan aus dem neunzehnten Jahrhundert könnte in den nächsten Jahren ein Bündnis der EU mit den vielerorts sehr starken liberalen Zivilgesellschaften in Mittelosteuropa inspirieren. Diesem Bündnis würden auch jene bedauerlicherweise in einigen jener Länder durch Wahlen an die Macht gekommenen autoritären Kleptokratien auf Dauer nicht standhalten. Mit diesem – eigentlich naheliegenden – Gedanken aber nimmt die hier zu erzählende Geschichte eine neue unerwartete Wendung. Denn in Wirklichkeit ist alles noch viel komplizierter. Diese Parteien und Regierungen nämlich sind bei näherem Hinsehen, was die politisch-ideologiestrategische Lage Mittelosteuropas besonders verzwickt macht, paradoxerweise deshalb so erfolgreich, weil sie sich gleichfalls als Erben des nationaldemokratischen Enthusiasmus des neunzehnten Jahrhunderts verstehen und darstellen können. Auch zu dieser geschichtlichen Wegbiegung muss ich eine Geschichte erzählen.

Ein Begräbnis

Ich war 1999 nach Krakau gekommen. Und je weiter es in das erste Jahrzehnt des einundzwanzigsten Jahrhunderts hineinging, desto deutlicher tat sich neben und hinter dem hellen, optimistischen, gesprächsbereiten und zukunftsorientierten ein beunruhigendes Polen hervor, das ich in der *honeymoon*-Phase nach meiner Übersiedelung nicht erlebt und auch nicht für denkbar gehalten hätte. Vorerst noch für Einzelerscheinungen gehaltene Vorkommnisse häuften sich. Zum Beispiel eine von militanten Fußballfans rücksichtslos zusammengeschlagene LGBT-Demonstration auf dem Krakauer Marktplatz. Eine Ausstellung, die wegen des Verdachts auf Blasphemie verboten wurde. Irgendwo in Nordpolen wurde eine Künstlerin wegen einer angeblich gotteslästerlichen Arbeit rechtskräftig verurteilt. Und zu einem ersten organisierten, spektakulären und fast erfolgreichen Auftritt jenes anderen Polen kam es, als 2004 der Krakauer Nobelpreisträger Czesław Miłosz starb.

Miłosz, der sein polnischsprachiges Werk – es ist eines der weltliteraturgeschichtlich bedeutendsten des letzten Jahrhunderts – zum größten Teil in Amerika schrieb, ist eine Symbolfigur der osteuropäischen Farbe der Modernität. Seit 1989 hatte er auch eine Wohnung in Krakau. Während der Sommermonate konnte man ihm und seiner amerikanischen Frau dort begegnen: einer massig imponierenden, altmodisch eleganten Altmännerschönheit mit buschigen Augenbrauen und einer gravitätisch distanzierten Freundlichkeit, offiziell verehrt, wie man als Ausländer unbedingt annehmen musste, von der gesamten Nation. Man hatte sich getäuscht. Schon in den ersten Tagen nach seinem Tod tauchten überall in der Stadt Infostände, Flugblätter und Plakate auf, die zu einer Unterschriftensammlung gegen seine Bestattung im sogenannten Skałka-Pantheon aufriefen, einer Ehrengruft im Paulinenkloster an der Weichsel, wo die Marmorsarkophage berühmter polnischer Künstler und Nationalhelden zu besichtigen sind. Die Anwürfe gegen den toten Dichter waren lächerlich und im Grunde haarsträubend. Miłosz sei kein richtiger Pole gewesen, sondern eigentlich Litauer, sein Interesse an den verschiedenen apokryphen Traditionen des Katholizismus machten ihn zu einem Ketzer, er habe schwulenfreundliche Petitionen unterzeichnet. Ich erinnere mich aus diesen Tagen an ein Gespräch mit einer älteren Dame an einem jener Infostände. Ihre kaum verhohlene Verachtung meines Ausländerpolnisch. Ihr abirrender Blick. Ihr grauer Dutt, ihre weiße Rüschenbluse. Ihre offensichtliche Überzeugung, ich als Ausländer, gar als Deutscher, werde nie verstehen können, warum Miłosz' angebliches Polentum in Wirklichkeit ein Vehikel der Zersetzung der Nation und des wahren Katholizismus gewesen sei. Mein Verdacht war, ihre unausgesprochene eigentliche Überzeugung bestehe darin, dass ich persönlich mitsamt meiner EU bald besser aus Polen verschwinden sollte. Die Zeit, in der jeder mit jedem sprach, ging zu Ende. Ein nationaler Essentialismus und Narzissmus, der von weither aus der polnischen Geschichte kam (er war noch älter als seine unmittelbaren Vorbilder in den späten zwanziger und dreißiger Jahren), durchschlug die Gemeinsamkeit der Reformperiode wie das Projektil eines Attentäters. Das schale, wie abgeworfene Gefühl, mit dem wir uns voneinander abwandten. Wir befanden uns, was ich damals nicht wusste, in der unmittelbaren Vorgeschichte der polnischen Gegenwart.

Die nationalkonservative Regierung der Partei „Prawo i Sprawiedliwość" (Recht und Gerechtigkeit) beruft sich heute, und aus ihrer Sicht sehr plausibel, auf Traditionslinien, die bis ins neunzehnte Jahrhundert zurückreichen und in komplizierter Weise verlötet sind mit den Ideen der demokratischen Revolutionen des mittelosteuropäischen neunzehnten Jahrhunderts. Polen wird heute *de facto* dirigiert von dem Vorsitzenden der PiS Jarosław Kaczyński, nominell einem einfachen Parlamentsabgeordneten. Kaczyński kann seine seltsam indirekte Ausübungsform protodiktatorischer Herrschaft, die man übrigens auch aus dem Rumänien Liviu Dragneas und dem Georgien Bidzina Iwanischwilis kennt, deshalb so unangefochten verwirklichen, weil nicht nur er selbst, sondern auch seine Partei und seine Wähler ihn sozusagen nur vordergründig als Politiker sehen. Insgeheim und vielleicht nur halb bewusst sehen sie hinter ihm die charismatischen Schattenbilder der nationalrevolutionären Dichter, Seher, Feldherren und Märtyrer des neunzehnten Jahrhunderts (so wenig man das diesem dicklichen älteren Junggesellen ansieht und zutraut). Politisch knüpft PiS an die Vorstellungen der nationalkatholisch-konservativen „Narodowa Demokracja" („Endecja") der Zwischenkriegszeit an. Noch seltsamer und politisch fragwürdiger als die damit bezeichneten politischen Positionen jedoch ist die politische Theologie, die hinter ihnen steht. PiS beansprucht, das „wahre Polen" zu repräsentieren. Jarosław Kaczyńskis Herrschaft ist zwar durch Wahlergebnisse bestätigt, im Kern jedoch charismatisch. Er sieht sich und die Seinen als Vertreter des „wahren Polen" – einer traditionell eher sakralen als kulturell-politischen Entität, die als Märtyrernation des alten Europa christologische Welterlösungszüge trägt. Die chiliastische Aufladung der nationalen Idee und des politischen Lebens führt dazu, dass politische Meinungsunterschiede nicht mehr politisch bearbeitet werden können, sondern als Glaubenskonflikte erscheinen. Das liberale und linke Polen sieht sich nicht nur im politischen Meinungskampf besiegt, sondern als Häretiker exkommuniziert – und tendenziell ausgebürgert. „Für die PiS und ihren Chef Jarosław Kaczyński", schreibt Emilia Smechowski, „wird der Staat nicht durch die Gesamtheit aller Bürger legitimiert. Sondern durch eine Gruppe von Menschen, die bestimmte Werte und eine Geschichte teilen. In ihrer Logik sind diejenigen, die sich gegen die PiS stellen, nicht Teil der Nation. Sie sind ‚Polen der schlechteren Sorte' – eins der berühmten Zitate von Kaczyński." Die Vorstellung Polens als eines „Christus der Nationen" (die Formulierung stammt von Adam Mickiewicz) ist eine romantische – und vielfältig reaktionär interpretierte – Resakralisierung des ursprünglichen revolutionären Traums von einer freien mittelosteuropäischen Nation, die den Polen eine Weile lang geholfen hat, mit der kognitiven Dissonanz fertigzuwerden, dass die Erlösung durch politische Freiheit und nationale Einheit so lange (nämlich bis 1989) auf sich warten ließ. Das mittelosteuropäische Freiheitsnarrativ hat sich in Polen nach dem endgültigen Scheitern der demokratischen Aufstände im späteren neunzehnten Jahrhundert gespalten in eine depressivsakrale kulturelle Außenseite und in eine verborgene politische Innenseite, die das revolutionäre Magma für weitere geschichtliche Verwendung aufbewahrt hat. Es ist merkwürdig (und könnte für Linke und Liberale ein Anlass sein, sich nicht allzu selbstgerecht in die Brust zu werfen), wie intim freiheitliche und reaktionäre politische Motive an ihrem Ursprung oft miteinander verschränkt sind. Die erinnerungsstrategische Aufgabe bestand und bestünde in Mittelosteuropa heute darin, das ursprüngliche Freiheitsnarrativ des neunzehnten Jahrhunderts von den späteren eschatologischen Überformungen zu befreien und unter den Bedingungen der Moderne neu zu interpretieren.

Dieses ideenstrategische Manöver ist im Kampf gegen den kommunistischen Totalitarismus schon einmal eindrucksvoll gelungen. Ich habe, wie geschildert, 1999 noch die Nachwirkungen dieser „großen Allianz" gegen die Diktatur erlebt, als alle miteinander redeten und solidarisch miteinander waren, als die ideologischen, religiösen und lebensstilistischen Verortungen weniger wichtig waren als die Überlegung, was man „gemeinsam für das Land tun könnte" – eine Überlegung und ein Gefühl, das dann bald irgendwie auf das polnische Verhältnis zur EU und zu Europa überging. Es ist heute zwar gut, dass die Europäische Kommission Untersuchungen und Sanktionen gegen die Aufweichung der Gewaltenteilung und die Schikanen gegen die Unabhängigkeit der polnischen Presse einleitet und erwägt. Aber es ist nicht berechtigt, dass ein großer Teil meiner westlichen Bekannten und der veröffentlichten Meinung in Deutschland die antidemokratischen Tourette-Syndrome der PiS-Regierung für das eigentliche und typische Polen zu halten scheint. Ich habe die Polen anders erlebt, und ich erkenne das Polen meiner Krakauer Jahre in den riesigen Demonstrationen gegen das Verbot des Schwangerschaftsabbruchs, für eine unabhängige Justiz, für die Pressefreiheit und für die EU wieder. Statt die reaktionäre offizielle Außenseite des Landes selbstgerecht zu beweinen, sollten Linke und Liberale im Westen genau hinsehen, ihre polnischen Verbündeten finden und ihnen in ihrem Kampf helfen. So wie es vor 1989 darum ging, über religiöse und ideologische Grenzen hinweg zusammenzustehen und etwas für Polen zu tun, geht es heute darum, die gegenseitigen Traditionen zu verstehen, zu achten (notfalls vielleicht auch wohlwollend zu ignorieren) und etwas zu tun für ein freies und starkes Europa („Für unsere Freiheit und eure").

Es gibt auch genügend historische Vorbilder für die heute wieder sehr notwendige deutsch-polnische Solidarität. Die romantisch erfolglosen Aufstände der östlichen Nachbarn gegen das autokratische Zarenreich sind in den „Polenliedern" Herweghs, Platens, Freiligraths, Uhlands ebenso wie in den poetischen Selbstbeschreibungen der Polen als ein mythischer Opfergang zur Erlösung ganz Europas gefeiert worden. Die besiegten polnischen Freiheitskämpfer, die sich nach dem Novemberaufstand 1830/31 unter der jubelnden Sympathie der Deutschen nach Frankreich durchschlugen, gewannen als Vorbilder zukünftiger deutscher Revolutionäre die Anziehungskraft literarischer Figuren. Es war die Geburtsstunde des „edlen Polen", jenes heroisch melancholischen *beautiful loser*, dessen Karikatur Gottfried Keller noch in den 1860er Jahren als Held seiner Novelle „Kleider machen Leute" auftreten ließ. Und sowohl bei den Aufständen des vorletzten Jahrhunderts wie bei der Achtzigerjahre-Begeisterung für „Mitteleuropa" ging es immer um die Freiheit des ganzen Kontinents. „Die mitteleuropäische Idee bedeutet die blühende Vielfalt der Bestandteile, des Selbstbewusstseins der Diversität", schrieb György Konrád 1985. „Der Weg zu Europa und zur weiten Welt führt über Mitteleuropa."

Für diese östliche Sicht auf Europa sind westdeutsche Linke und Liberale derzeit unglücklicherweise weitgehend blind. Ihr Blick bleibt an der reaktionären Außenseite des in sich gespaltenen demokratischen Narrativs Polens und Osteuropas überhaupt kleben. Die westlichen Linken und Liberalen können seine Freiheitsseite nicht sehen. Sie halten die derzeitigen Regierungen Polens oder Ungarns für das eigentliche, jetzt sein wahres Gesicht zeigende Mittelosteuropa (als könnten die Polen und Ungarn diese Regierungen nicht auch wieder abwählen). Und außerdem fehlt ihnen das Gefühl dafür, dass die osteuropäische Demokratie nicht erst seit gestern bedroht ist, und zwar vor allem aus dem Osten, durch den übermächtigen russischen Nachbarn. Ausgerechnet Menschen, die vor Jahrzehnten für die antiimperialistische Revolution und den Sieg im Volkskrieg in Kambodscha, Laos und Vietnam auf die Straße gingen, sind ohne Sensibilität dafür, dass in Kiew 2013/14 eine wirkliche antiimperialistische Revolution stattgefunden hat – die weltgeschichtlich erste unter der blauen Europafahne – und dass der Krieg im Donbass für die Ukrainer ein Volkskrieg ist, für den in Lemberg auf den Straßen Geld gesammelt wird und für den Freiwillige in Kiew ihr Studium an den Nagel hängen. Die Geschichte dieser Blindheit glaube ich in den Jahren 2011 bis 2014 durch die Beobachtung der Landschaftsformen, historischen Erinnerungen, Straßenszenen, und revolutionären Ereignisse in der ukrainischen Hauptstadt verstanden zu haben. Und so beginnt eine weitere Geschichte.

Eine kurze Architekturgeschichte der europäischen Barrikade

„Gelandet in Kiew. Wie Nachhausekommen in eine unbekannte Stadt", verzeichnet mein Tagebuch am 23.6.2011 um 16.00 Uhr. Ich war mit dem Direktflug aus New York angereist. 14 Stunden *economy class*, der Atlantik und drei Viertel des Kontinents lagen hinter mir. Dann die Taxifahrt durch eine ausgedehnte Zone voll schmutziger Plattenbauten und haushoher Reklamen für Zündkerzen, Frühstücksriegel, Strumpfhosen und Kosmetika. In der Nähe des Zentrums (Kiew liegt wie viele mittel- und osteuropäische Städte über einer Flusslandschaft auf einem Hügelrücken) der erste Blick auf die gewaltigen Ufer, Auenwälder und Stromschleifen des Dnjepr. Schließlich die Eiskremfarben der Barockkirchen und die abblätternden Fassaden der Innenstadt. Die blühenden Kastanien. Die quietschenden Straßenbahnen. Wieso kam mir das alles wie eine Heimkehr vor? Sicher auch einfach nur, weil Kiew mich erinnert hat an Krakau und Bratislava, wo ich vor New York gelebt hatte. Aber in dieser autobiographischen Nostalgie hat sich zugleich (wie mir heute vorkommt im Rückblick auf eine in der Erinnerung fast verklärte Woche im noch vorrevolutionären Kiew) ein allgemeineres Gefühl gezeigt. 2014, nach drei umstürzend ereignisreichen Jahren für die Ukraine, glaubte ich zu wissen, wohin ich damals zurückgekehrt war. Ich war in Kiew nach vier Jahren New York wieder in Europa gelandet. Was zunächst nur eine geographische Offensichtlichkeit ist. Aber keine so triviale, wie es zunächst klingt. Denn Kiew liegt natürlich unbestreitbar in „unserem“ Kontinent. Wenn auch eben, wie man gleich einschränken muss, in einer von ausgedehnten Flusssystemen durchzogenen Steppe, die schon den antiken Geographen und Historikern als das Ende des bekannten Erdkreises vorgekommen ist, als eine Art *unmarked space*, aus dem die nomadischen Reitervölker hervorbrachen. Das vierte Buch der Historien Herodots ist dem Skythenfeldzug des Perserkönigs Darius gewidmet (die weltweit größte Sammlung skythischer Goldschätze würde ich, noch an demselben Wochenende, in einem Kiewer Kloster bestaunen).

Dieser persische Krieg gegen die südrussische Steppe endete mit Darius' Niederlage. Das Ende der Welt ist damals in die europäische Geschichte eingetreten. Aber trotzdem empfindet jeder, der heute in Kiew aus dem Flugzeug und dem Taxi steigt, dass er in dieser Stadt an eine äußerste Grenze des Kontinents geraten ist. „Merkwürdigkeiten enthält das Land sonst nicht; nur die gewaltigen und vielen Ströme sind merkwürdig. Was außer den Strömen und der weiten Ebene noch Bewunderung verdient, das will ich jetzt sagen. Man zeigt in einem Felsen in der Nähe des Flusses Tyres einen Fußstapfen des Herakles. Es ist die Fußspur eines Menschen, aber zwei Ellen lang", schreibt Herodot. Warum ist gerade in Kiew das Europa-Gefühl so stark? Es wäre zu erwarten, dass es längst verweht ist und sich verflüchtigt hat in der Steppe, über den Strömen und in der Endlosigkeit. Ich ging dann am Nachmittag meiner Ankunft vom Hotel, das am Fuß des erwähnten Bergrückens in einer ehemals sumpfigen Gegend zum Dnjepr hin gelegen ist, über den sogenannten „Andreassteig", eine steil gewundene, gepflasterte Straße voller Gartenkneipen und Andenkenläden, hinauf ins mittelalterliche Kiew. Über dem Abhang stand eine melonengrün und sahneweiß in surrealer Üppigkeit aufgetürmte Rokokokirche, die Katharina die Große gestiftet hat. Weiter hinein auf der Hochfläche lagen Parks, neoklassizistische Regierungsbauten aus der Stalinzeit, ein weiter, abschüssiger Platz und ein mittelalterliches Klosterensemble voll byzantinischer Fresken. Ein raumgreifendes Rotbraun tat sich in seinem Inneren auf, aus dem jede andere Farbe in glühender Intensität hervorleuchtete. Christus als Weltenherrscher. Hirten, Maria und das Jesuskind in kinderbuchnaiv zerklüfteten Felsenlandschaften. Sehr bärtige Könige, die keulengroße Zepter hielten.

Die „Kiewer Rus“, das erste Staatswesen in dieser Weltgegend, ist von Wikingerfürsten gegründet worden, die hier, an einer Station der Sklaven-, Bernstein- und Pelzhandelsstraße, die über Dnjepr und Wolga von der Ostsee nach Byzanz führte, ihre Burgen, Stadtmauern bauten und (nach Annahme der oströmischen Religion) dann auch Kirchen errichteten. Die Wildnis ist noch zu spüren. Aber sie ist schon ausgegrenzt aus einem geordneten Bezirk der Macht und der Ideologie. Weiter in die eigentliche Stadt hinein steht ein rekonstruiertes Stadttor der Rus, dessen zyklopischen Formen man die Anstrengung ablesen kann, die diese Abgrenzung gekostet hat. *Draw a distinction and a world comes into being* (George Spencer Brown). Und gerade weil die weltenschaffende *distinction* in Kiew sich noch deutlich abhebt von der Unbestimmtheit der Steppen und Ströme (und nicht nur, weil ich gerade aus Amerika kam), waren in Kiew meine Gefühle der Heimatlichkeit im Unbekannten, jene Gefühle des Wiedererkennens und des Zurückkommens, war hier mein *Europagefühl* so stark. Was einem etwas über Europa als Bewusstseinsform klarmachen kann. Der Kontinent hat ein Wissen über sich selbst schon an seinen Anfängen durch Abgrenzung gegen eine Formlosigkeit erarbeitet, die in die Geschichte seiner Philosophien, Erzählungen, Alpträume, Politikkonzeptionen und Militärdoktrinen eingegangen ist in der monströsen Gestalt aus dem Nichts auftauchender, unbegreiflich schneller, katastrophal zerstörerischer und dann spurlos wieder verschwindender Reiterarmeen. Von den Hunnen, die Ammianus Marcellinus im dritten Jahrhundert gesehen hat, bis zu der bolschewistischen Reiterarmee des zwanzigsten, die Isaak Babel beschrieb und Józef Piłsudski 1921 vor Warschau besiegte, waren diese Reiter der große europäische Alptraum. Aber auch der Innenraum Europas ist entstanden durch Abgrenzung. Der Gegner im Zentrum des Kontinents war der steppenhaft unendliche Machtanspruch einer königlichen, fürstlichen, bischöflichen Internationale des achtzehnten Jahrhunderts: jene Ludwig XIV., Joseph II., Philipp IV. und Charles II., gegen die erst die amerikanischen, dann die französischen Revolutionäre *distinctions* zogen, die unsere politische Welt bis heute erschaffen haben (wenn auch jede Generation sie wieder neu verhandeln und verteidigen muss).

Mehr als einem meistens bewusst wird, sind politische Ansichten von intuitiven Bauchgefühlen oder auch schlechterdings Phantasmen bestimmt. Seit ich, beginnend 2011, in Georgien lebte, einem Land von der Fläche etwa Bayerns oder der Schweiz, dessen Territorium zudem zu 20 Prozent von den Truppen des schwer vorstellbar großen und militärisch übermächtigen nördlich angrenzenden Staats besetzt ist (die russische Armee steht 60 Kilometer nördlich von Tbilissi), war ein vages Bauchgefühl der Bedrohung und Verteidigungsbereitschaft übergesprungen auf mich von meinen georgischen Freunden, Kollegen und Nachbarn wie ein Virus oder ein Floh. Zusammen mit einem dazugehörigen politischen Meinungsphantasma, das aus den Tiefen der europäischen Geschichtserinnerung stammt. Denn die beiden Maßlosigkeiten, die wir zu Unrecht für längst eingedämmt gehalten hatten, der innere und der äußere *unmarked space* Europas, so kam es mir jetzt oft vor, hatten sich zu Beginn unseres Jahrhunderts im Machtsystem des russischen Präsidenten noch einmal vereinigt zu einem Angriff, der mir nicht weniger gefährlich schien als der hunnische 451, der türkische 1683 oder der sowjetische 1921. Verrückt, vielleicht. Aber möglicherweise sind solche

Gedanken und Gefühle andererseits gar nicht nur und ausschließlich eine politische Macke (eine Art politisch-phantasmagorischer Tropenkrankheit), die ich mir während meines damaligen Auslandsaufenthalts zugezogen hatte. Sie hatten ja einen Ansatzpunkt in der Wirklichkeit. Auf der Website des Fernsehsender Russia.ru (einer Art CNN der staatlich gelenkten russischen Medienlandschaft) tauchte damals die übersetzte Version eines Interviews auf, in dem ein einflussreicher Chefideologe russischer Machteliten, Alexander Dugin, in elf Minuten den Masterplan eines umfassenden politischen Angriffs erläutert. Militärische Interventionen, wie sie 2008 in Georgien stattfanden und denen seither auch die Ukraine zum Opfer gefallen ist, sind ihm zufolge nur *ultima ratio*. Das wirksamere Machtmittel dieses Aggressionsplans besteht in *soft power* und sein Ziel ist, wie Dugin allen Ernstes wörtlich und öffentlich sagte, schlechterdings die „Eroberung und Eingliederung" Europas in ein faschistisches russisches Reich. Der bärtige, noch nicht alte Professor der Philosophie und Soziologie, der dieses *abstract* einer vielleicht extremen, aber in Moskau offenbar öffentlich diskutierbaren Version russischer Staatsdoktrin vortrug, wirkte hochintelligent und war (wenn man von seiner rasputinisch exzessiven Gesichtsbehaarung über der schwarzen Hemdbrust und einem vagen Gesamteindruck eingefleischter Ungeduschtheit absieht) gar nicht unsympathisch. Er schlug uns, seinen Zuhörern, in irgendwie bescheiden und geradezu vernünftig klingenden Sätzen ein durchdachtes und intellektuell anspruchsvolles Gegenprogramm zur postmodernen transatlantischen Weltgesellschaft vor. Es wurde einem kalt in der Magengegend und man begriff, dass real existierende Menschen in Russland (sind es viele? haben sie Macht?) wirklich in diesen unbestreitbar phantasmagorischen Kategorien denken. Vielleicht sind das sogar mehr als Phantasmen. Vielleicht haben diese Leute, anders als die amerikanischen und europäischen Politiker, einen Plan. Je tiefer man sich in politische Phantasmen und Gegenphantasmen verstrickt, desto unwirklicher kommt einem die Welt vor.

Später würde ich Masha kennenlernen, die Direktorin des ukrainischen Nationalmusems in Kiew. Sie ist eine junge Frau mit traurigen (irgendwie *alten*) Augen. Sie erzählte uns in Tbilissi von den Wintertagen des Aufstands, die sie – mehrere Monate lang – eigentlich nur noch in ihrem Museum verbrachte. Sie schlief auf einer Couch im Direktorenbüro und machte stündlich Kontrollgänge um das neoklassizistische Museumsgebäude durch den kleinen Park, wo die Zelte der „Berkut“ standen, der inzwischen aufgelösten Knochenbrechertruppe des Präsidenten. Die Front zwischen der Berkut und den Aufständischen des Maidan verlief unmittelbar auf dem stadtauswärts führenden Boulevard, an dem das Museum liegt. In Mashas misstrauischem Blick, der sich nur manchmal in einem unvermittelten und dann bald wieder verschwundenen Lachen aufhellte, wenn man für ein paar Momente ihr Vertrauen gewonnen hatte mit einem Witz oder einer sarkastischen Bemerkung, schien mir (war das jetzt wieder mein Phantasma? Oder hatte ich da etwas Wirkliches gesehen?) ein jahrhundertealtes Wissen über die Gnadenlosigkeit russischer Imperialpolitik sichtbar zu werden und die ebenso alte Erfahrung mit dem Verrat, den der Westen in der Ukraine, in Polen, im Baltikum und im Südkaukasus an seinen Idealen seit Jahrzehnten begangen hat und heute noch jederzeit zu begehen bereit ist. Denn wenn wir ehrlich sind, glauben wir nicht sehr tief daran, dass diese Länder und Landschaften, wo sich der Angriff auf uns jetzt wieder zu formieren scheint, wirklich zu unserem Erdteil gehören. Im Gegenteil. Das westeuropäische Zentralphantasma ist *splendid isolation*, ein sozusagen angelernt britisch-transatlantisches Gefühl der Unverwundbarkeit und des Nichtbeteiligtseins, das ein bekannter Witz in einer fiktiven Schlagzeile der „Times" zusammenfasst: *Fog in the channel. Continent completely isolated.* Lustig. Man fühlt sich dem überlegen. Aber auch uns Zentraleuropäern würde ein Blick in den Atlas manchmal ganz gut tun. Ostukraine, Krim, Kiew. Wir wissen ja kaum, wo das alles liegt („Merkwürdigkeiten enthält das Land sonst nicht; nur die gewaltigen und vielen Ströme sind merkwürdig. Was außer den Strömen und der weiten Ebene noch Bewunderung verdient, das will ich jetzt sagen", und dann kommt eine exotische, nur schwer zu glaubende und irgendwie auch vollkommen irrelevante Kuriosität). Die Barrikaden hinter dem ukrainischen Nationalmuseum, so könnte man ein vorläufiges Fazit ziehen, haben im Winter 2013/14 ein ureuropäisches Architekturgenre wiedererrichtet. Sie verkörperten die *distinction*, die Europa seit 1789 entstehen ließ.

Dann war es – im Frühsommer 2014, glaube ich – Feierabend in Tbilissi. Ich schaute in meiner Wohnung mit dem Blick auf die Tbilisser Macchiahügel „Anne Will" im Internet, hatte mir einen Wein aufgemacht und betrachtete auf meinem Laptop mit steigender Fassungslosigkeit einen älteren und, wenn der Eindruck nicht täuschte, ziemlich schwerhörigen Politiker mit Matrosenbart, der in dieser ARD-Talkshow auf Honoratiorenschwäbisch ein ganz eigenes politisches Phantasma entwickelte. Es bestand in einer mir auf Anhieb irgendwie unangemessen zartfühlend vorkommenden Theorie über das angebliche Seelenleben Wladimir Putins, der dem Phantasma Erhard Epplers (denn um den einstmaligen Hoffnungsträger progressiver Sozialdemokraten handelte es sich bei diesem Talkshowgast) zufolge „enttäuscht" sei von uns Westlern. Ja, der russische Präsident, glaubte der einstige Bundesminister für wirtschaftliche Zusammenarbeit (wobei er nach Schwerhörigenart misstrauisch um sich blickte), fühle sich „an die Wand gedrückt“ von EU und NATO, weil führende westliche Politiker anlässlich der deutschen Wiedervereinigung Gorbatschow „versprochen“ hätten, die transatlantischen und europäischen Koalitionen nicht nach Polen, ins Baltikum und in den Südkaukasus auszudehnen. Jetzt zitterte Epplers Matrosenbart vor Empörung geradezu ein bisschen. Früher hätte ich mir all das ruhigen Blutes angehört. Aber jetzt brauste in mir, dem ausländischen Mitbürger jenes bayern- oder schweizgroßen Landes, dessen Hauptstadt im ballistischen Nahbereich der russischen Artillerie gelegen war, eine Spontanempörung auf, die mit dem erwähnten Bedrohtheitsphantasma zusammenhing.

Als ob wir in der Metternichzeit lebten, dachte ich aufgeregt und starrte wütend auf meinen Computer. Als ob ausgerechnet Putin, dieser knallharte KGB-Knochen, eine derartige Mimose wäre, wie Eppler uns hier weismachen wollte. Und dann überhaupt das Geschichtsbild, das da in Schwäbisch Hall im Schwange zu sein schien! Ich steigerte mich weiter in mein „Kiewer Barrikadenphantasma“ hinein. Als ob irgendjemand irgendjemandem in irgendeinem Hinterzimmer jemals hätte „versprechen“ können, dass die Polen, die Letten, die Esten, die Litauer und die Georgier in ihrer selbst erkämpften Freiheit nicht beschließen dürften, sich unserer Welt und unserer Freiheit anzuschließen. Als könne das Versprechen irgendeines inzwischen längst pensionierten Machthabers schwerer wiegen als der Beschluss ganzer Völker. Es wurde mir so kalt in der Magengegend wie beim Betrachten Alexander Dugins. War ich vor meinem Computer eigentlich schon ein bisschen blau? Jedenfalls schenkte ich mir mal noch ein halbes Glas von diesem wunderbaren Mtsvane-Kisi ein, den mir ein georgischer Freund neulich aus seinem Heimatdorf mitgebracht hatte. Ich glaube dem, was ich in Mashas Augen gesehen hatte (sagte ich mir, vor Anne-Will-Aufgewühltheit und Mtsvane-Kisi schon schwer pathetisch), wenn sie über Russland spricht, nicht Erhard Eppler. Wir haben nicht nur die halbe Welt vergessen seit 1945, dachte ich in meiner angelernt osteuropäischen Entrüstung, sondern auch die Barrikaden, an denen sich Europa in früheren Jahrhunderten auch bei uns im Westen entschieden hat und die so europäische Gebäude sind wie Notre Dame, die Meisterhäuser des Bauhauses in Dessau oder die Kathedrale von Košice (die an einer anderen Grenze unseres Kontinents steht). Und so weiter.

Aber eigentlich waren nur Phantasmen in meinem Kopf durcheinander (und aneinander) geraten. Im Grunde hatten wir alle miteinander keine Ahnung, weder Erhard Eppler noch ich.

Wir konnten ja noch nicht mal russische und ukrainische Zeitungen lesen. Wahrscheinlich wussten 2014 nicht mal Putin oder die ukrainischen Spitzenpolitiker, was die Menschen in Kiew und gar in Donetsk und auf der Krim wirklich dachten, wo die Frontlinien verliefen und wie die Mehrheitsverhältnisse wirklich waren. Jedenfalls besteht Geschichte, wie das Leben überhaupt, daraus, *what happens to you while you're busy making other plans.* Aber zumindest eine Haltung, dachte ich 2014 und finde ich heute noch, kann man zu den Verhältnissen und Ereignissen am östlichen Rand unseres Kontinents schon einnehmen. Und meine Haltung wäre nicht die von Erhard Eppler. Meine würde sich von seiner am meisten darin unterscheiden, dass ich glaube, dass das Seelenleben der sogenannten kleinen Leute und nicht dasjenige der angeblich großen Politiker die Angelegenheiten der Welt bestimmt und die politisch-moralischen Standards setzt.

Was allerdings, darauf kommt es mir auch an, nichts politisch Informierteres und moralisch Belastbareres ist als eine *ästhetische* Einstellung. Eine Geschmacksentscheidung sozusagen. Das mir schon 2014 irgendwie degoutant vorkommende Narrativ der öffentlichen Meinung im Westen, das zum Beispiel die spätestens seit dem Krieg gegen Georgien 2008 unübersehbare weltpolitische Aggressivität der Russischen Föderation mit einer angeblichen Provokation durch die NATO-Osterweiterung erklärt, ist seither zumindest in Deutschland immer stärker und fast kanonisch geworden. Eine Grundlage konkreter Politik. Mit der (übrigens nur verbalen) Unterstützung der Revolution in Kiew 2013/14 durch westliche Politiker habe diese Provokationspolitik ihren Höhepunkt erlebt. Der Euromaidan habe das Maß voll gemacht. Der zu Beginn von Putins Amtszeit freundliche und friedensbereite russische Bär sei durch eine dichte Folge von Nadelstichen vom Westen geradezu dazu getrieben worden, die Krim zu besetzen, mit regulären Truppen und irregulären Einheiten in die Ostukraine einzusickern und 20 Prozent des georgischen Staatsgebiets okkupiert zu halten. „Eine rabiat antirussische Ukraine musste damit rechnen, dass am östlichen und südlichen Rand etwas abbröckelt", schrieb Erhard Eppler 2015 in einer renommierten politikwissenschaftlichen Zeitschrift. Vorgänge wie die russische Annexion der Krim und die Unterstützung der Donbass-Separatisten bekommen in dieser Sichtweise etwas erdgeschichtlich Zwangsläufiges. Die Ukraine, scheint es, ist weniger ein souveräner, schützenswerter Staat als eine instabile Gesteinsformation. „Wenn ein großes Volk sich gedemütigt fühlt, ist es zu Taten fähig, über die sich die Nachkommen nur noch wundern, für die sie sich nur noch schämen können", schrieb wiederum Erhard Eppler 2015. „Das ist deutsche Geschichte. Und ich habe als Kind mitbekommen, wie die Demütigung durch Versailles auch Menschen radikalisiert hat, die eigentlich gar nicht dazu neigen. Niemand wende ein, die Russen hätten so wenig Grund, sich gedemütigt zu fühlen wie einst die Deutschen. Das mag sogar stimmen, nur ist es unerheblich. Was zählt, ist das Gefühl der Demütigung, das Gefühl, Opfer zu sein, auch wenn andere das nicht so sehen. Ein Volk, das sich selbst nur als gedemütigtes Opfer wahrnehmen kann, ist nicht friedensfähig." Dabei könnte alles so einfach sein. Und so schön: „Ich habe diesen Putin nur einmal getroffen, bei Gerhard Schröders 60. Geburtstag. Da kam er nach Hannover mit einem Kosakenchor, der das Niedersachsenlied schmetterte: ‚Wir sind die Niedersachsen, sturmfest und erdverwachsen.' Das war ein Putin, der seinen Platz in Europa suchte." („Blätter für Deutsche und Internationale Politik" 7/2015, Seite 69–77). Irgendwie fällt mir zu manchen westlichen Kommentaren tatsächlich nichts mehr ein.

Lieber erzähle ich noch eine Geschichte. Im Juni 2011, am Morgen meines letzten Tags in Kiew, ging ich noch einmal auf dem Maidan umher. Wo in drei Jahren die Barrikaden qualmen und die Kugeln der Scharfschützen pfeifen würden, stolzierten die berühmt eleganten ukrainischen Schönheiten am Arm ihrer Mütter oder *boyfriends*. Unterführungen stanken nach Urin. Es gab Frittenbuden, Videotheken und Accessoires-Läden. Vom Maidan Nezaleznosti, dem Unabhängigkeitsplatz, wie die abgekürzt inzwischen weltberühmte Adresse eigentlich heißt, geht der zweispurige und terrassierte Khreshchatyk-Boulevard ab. Hier ragen und erstrecken sich die Champs-Elysées von Kiew, eine sehr teure Einkaufsstraße und eins der am vollständigsten erhaltenen Ensembles sozialistischer Baugesinnung aus der Nachkriegsperiode spätstalinistischen Triumphgefühls. Der Paris-Eindruck war hier sehr stark und zugleich sehr exotisch. Man spürte, dass die Baumeister des Khreshchatyk-Boulevards in den vierziger Jahren des letzten Jahrhunderts hier den Kriegsruinen, aber auch dem alten, rückständigen Kiew des russischen Reichs eine Art Über-Paris entgegenstellen wollten (so wie in denselben Jahren das Turbo-Paris Manhattan jenseits des Atlantik dem endlosen Hinterland der nordamerikanischen Steppe ein unübersehbar schweres Zeichen entgegengesetzt hat). *Draw a distinction and a world comes into being.* Die architektonische Geste des Khreshchatyk-Boulevards hatte etwas Heroisches und sogar Verzweifeltes (etwas, das man an manchen Herbstabenden auch in Midtown Manhattan spüren kann).

Drei Jahre später und in Tbilissi schien mir im Zurückdenken, dass die dezisionistische Geste dieser Prachtstraße im Winter 2013/14 auch über den Barrikaden lag, die hier der Berkut dann plötzlich den Weg versperrten (trotz Scharfschützenterror, Eiseskälte und Tränengas), die sich dann auch mit gepanzerten Räumfahrzeugen nicht mehr wegräumen ließen und deren Verteidiger schließlich den Präsidenten in die Flucht schlugen. Man hat mit diesen Barrikaden in jenem Winter dort eine Grenze gezogen und es war den Revolutionären vom Maidan dann irgendwann egal, wieviel Opfer das kostete. Freiheit muss man sich nehmen, und insofern beginnt auch die Herrschaft des Rechts mit einem Rechtsbruch. In der deutschen Diskussion über die neue ukrainische Regierung haben Zweifel, ob die Kiewer Grenzziehung gegen Russland und Putin den Gesetzen des demokratischen Reinheitsgebots in jedem Detail entsprach, immer die Hauptrolle gespielt. Aber auch diese politischen Verunreinigungsängste sind ein Phantasma. Man kann sich in solchen Momenten seine Bundesgenossen oft nicht aussuchen. „Mit dem rechten Sektor werden die schon fertig", sagte ein georgischer Freund, der auf dem Höhepunkt der Auseinandersetzungen nach Kiew geflogen war, um die Barrikaden dort mit seinen Mitteln zu verstärken. Ich glaube (hoffe), er hat recht.

Demokratie ist Freiheit, die man sich nimmt, egal, was die Konsequenzen sind. Freiheit ist eine Entscheidung, die man nicht in jedem Detail begründen kann. Und alle Entscheidungen sind in letzter Instanz Bauchentscheidungen. Demokratie ist ein Experiment. Bei Experimenten, das weiß man noch aus dem Chemieunterricht, kann etwas schiefgehen; es kann sogar etwas in die Luft gehen. In Deutschland sind die demokratischen Institutionen stabil, und dafür muss man dankbar sein. Aber in der vollständig durchinstitutionalisierten demokratischen *comfort zone* kann man die experimentellen, dezisionistischen, riskanten Elemente von Demokratie und Freiheit vergessen. Die amerikanischen Theoretiker der Demokratie, Emerson und Dewey zum Beispiel, haben das anarchische Element der politischen Freiheit immer hochgehalten und in Erinnerung gerufen. Bei den realen osteuropäischen Revolutionen der Gegenwart könnten wir, statt ihre Protagonisten zu belehren, etwas lernen über die Demokratie. Zum Beispiel in Kiew, an den Grenzen Europas, wo die Steppe beginnt und Europa jetzt plötzlich neu entsteht. „Man zeigt in einem Felsen in der Nähe des Flusses Tyres einen Fußstapfen des Herakles. Es ist die Fußspur eines Menschen, aber zwei Ellen lang."

Im Café Atlas

Lemberg (ukrainisch Lviv, polnisch Lwów) war seit 1772 Verwaltungsmittelpunkt des habsburgischen Anteils an der ersten polnischen Teilung. Maria Theresia und ihr Sohn und Mitregent Joseph II. gaben ihrer Beute den dynastischen Phantasienamen „Königreich Galizien und Lodomerien“ und betrachteten das wirtschaftlich rückständige Kronland als Versuchsfeld für ihre aufgeklärt-absolutistischen Reformen. Aus denen in der wirtschaftlichen und politischen Wirklichkeit zwar nie viel geworden ist – vor allem deshalb nicht, weil die beiden Monarchen bei Strafe des Klassenverrats nichts an der himmelschreiend miserablen Lage der Bauern ändern konnten und wollten. Aber der in mehr als einem Sinn ausgedachte, sozusagen literarische Charakter des österreichischen Teilungsgebietes hat – *longue durée* – bei den zahlreichen und meinungsstarken westukrainisches Intellektuellen seit dem achtzehnten Jahrhundert progressive Erwähltheitsphantasmen begünstigt, die der Gegend um Lemberg bis in die Kämpfe der Gegenwart hinein eine ähnliche Rolle im ukrainischen Unabhängigkeitskampf zuwies wie sie das Herzogtum Savoyen, das politisch sprichwörtliche „Piemont“, im italienischen Risorgimento gespielt hat. Lemberg war und ist Vorreiter, Modell und *think tank* einer autonomen, modernen, europäischen Ukraine.

Der zentrale Marktplatz der Stadt gehört zu den vollständigsten und imponierendsten Architekturmonumenten der Renaissance nördlich der Alpen. Die flamboyanten Fassaden von vierzig Adelspalais und Kaufmannspaläste, die blumige mittelalterliche Hausbezeichnungen tragen oder die Namen polnischer und italienischer Familien, sehen gleichsam *cheek to cheek* auf das 130 mal 140 Meter weite Viereck hinaus. Ein intensives Gespräch der Sichtachsen. Das freilich 1835 zum Schweigen gebracht wurde. Damals wurde die Piazza verschandelt durch eine kolonialistische Architekturgeste der habsburgischen Besatzungsmacht. Ein protziger spätklassizistischer Verwaltungsbau würdigt seit dem frühen neunzehnten Jahrhundert den zuvor landschaftsweiten, sanft sich zum Flussufer absenkenden Platz zu einer Art Umgehungsstraße seiner phantasielosen Fassaden herab. In der nordwestlichen Ecke liegt, mit Blick auf den sogenannten „Adonis-Brunnen" und auf die Einmündung einer der vier Zugangsstraßen zum Zentralplatz, das Café Atlas, das nach langer sowjetischer Verwahrlosung in der Gegenwart wieder anknüpft an die Zeit, als in seinen ausgedehnten Sälen Joseph Roth und die mathematischen Revolutionäre der „Lemberger Schule" verkehrten, der Graphiker und Prosaschriftsteller Bruno Schulz, die Schriftsteller Tadeusz Boy-Żeleński und das Universalgenie Leon Chwistek.

Hier habe ich im Februar 2019, als ich für eine Reisereportage in Lemberg war, mit Funktionären der progressiven Stadtverwaltung gesprochen (Tourismuskonzepte, Verkehrsplanung, Wirtschaftsförderung, Korruptionsbekämpfung). Ihre Kommunalpolitik verbindet die traditionelle mathematische Exzellenz Lembergs – die einzige kulturelle Tradition, die von den Sowjets nicht verfolgt und eingeengt worden ist – systematisch mit *start-ups*, die Lemberg/Lviv inzwischen zu einem wichtigen Standort für Softwareentwicklung gemacht haben. Den Tourismus versucht man, bevor er Krakauer oder Venediger Ausmaße annimmt, zu begrenzen und zu qualifizieren, bei der Verkehrsplanung lernt man von Berlin und Leipzig. Die EU ist bei diesen Reformen und im Gespräch mit diesen Reformern auf eine ähnliche Art als innerer Gesprächspartner immer anwesend, wie ich das zu Beginn des Jahrhunderts in Krakau erlebt habe. Und zugleich denkt man in Lemberg, vermutlich bei jedem Satz, den man einem ausländischen Journalisten sagt, an den Krieg in der Ostukraine, der vor fünf Jahren mit dem EU-Aufstand auf dem Hauptplatz von Kiew begann und der in letzter Instanz gegen die Modernisierungsanstrengungen des ukrainischen Piemont gerichtet ist. Denn jeder Modernisierungserfolg der Ukraine bedroht die russische Imperialpolitik ganz ernsthaft. Zu groß ist die Gefahr, dass deren Untertanen zu fragen beginnen könnten, warum ihre Regierung es zwar fertigbringt, die Krim zu besetzen und im Donbass mörderischen Unfrieden zu stiften, aber keine Autobahn zwischen Moskau und St. Petersburg; geschweige, dass sie ihren Bürgern nachhaltige wirtschaftliche Perspektiven und Wohlstandskarrieren ermöglicht.

Und vor einem der großen Fenster mit dem Blick auf den Brunnen, auf den Platz mit seinen Passanten, Schneeflocken und Laternen, an einem Bistrotischchen, auf dem Cappuccinos und Weißweingläser erschienen, geleert wurden, verschwanden und wiedererschienen, habe ich eine oder zwei Stunden mit dem ukrainischen Übersetzer und Psychoanalytiker Jurko Prochasko sprechen können, einem dieser unvergesslichen mitteleuropäischen Intellektuellen, die noch im Zeitalter der Smartphones und Twitternachrichten die „Intelligencija" verkörpern. Diese Schicht, zu der es im Westen kein Pendant gibt, stellt eine Art Intellektuellenadel dar. Nach der Terrorisierung und Ermordung der Adelsopposition durch den „schrecklichen" Zar Iwan IV. in der frühen Neuzeit ist die Intelligencija jahrhundertelang das politische Widerlager der autokratischen Alleinherrschaft in Russland und in seinen mitteleuropäischen Kolonien gewesen. Prochaskos Umgangsformen, sein Deutsch, sein Humor, seine Formulierungsvirtuosität passten deshalb so gut ins Café Atlas, weil sie erkennbar geschult sind an einer österreichischen Sprechzivilisation, die im Wiener Vorkriegskaffeehaus perfektioniert worden ist. Zugleich erinnerte uns der Behemoth von Rathaus vor den Fenstern an den postkolonialen Charakter dieses Orts und unseres Gesprächs. Es ging um die Probleme und Befindlichkeiten eines Land, das erst in den letzten Jahren aus dem Schatten der Kolonisierung durch Österreich-Ungarn, durch Polen, durch die Sowjetunion und Russland heraustritt. Angela Merkel, sagte Prochasko, scheine ihm eine der wenigen Politikerinnen, die eine Intuition von Charakter und Absichten des östlichen Nachbarn habe. Jedenfalls befürworte sie die einzig wirksamen Maßnahmen, die Wladimir Putins Expansionskurs derzeit zumindest eindämmen könnten, die Sanktionen der EU.

Was mein Gespräch mit Prochasko über solche aktuell politischen Einsichten hinaus aber zu einem Bildungserlebnis gemacht hat, das in meinem inneren Leben fast in derselben Weise Epoche gemacht hat wie mein spanischer Nachmittag mit Adam Michnik im Jahr 2000, geht auf seine Theorie des „imperialen Eros" zurück. Was meinte Prochasko damit? Er geht aus von dem überraschend wahren Gedanken, dass so gut wie alle großen Mitglieder und Player der EU vor noch einem Dutzend Jahrzehnten Kolonialmächte und miteinander konkurrierende Imperien gewesen sind. Bei Großbritannien und Frankreich fällt diese Vergangenheit ins Auge. Deutschland, die Nachzüglergroßmacht des Kontinents, lebte seine kolonialen Aspirationen mit historisch verspäteter Mordlust in eben der Weltgegend aus, über die wir sprachen (sogar ganz konkret auf dem Marktplatz, in den wir durch die Fenster des „Atlas" jetzt hinaussahen und auf dem die SS Pogrome ukrainischer Freikorps' gegen die Lemberger Juden beaufsichtigten und steuerten). Aber auch Länder wie Belgien, Italien, Österreich und die Niederlande haben eine koloniale Vergangenheit, ohne die man sie nicht verstehen kann.

Verstehen, sagte Prochasko, müsse man vor allem, dass die Größenphantasmen, die in der imperialen Periode ganze Völker ergriffen hatten, heute verdrängt sind. Nichts in der zeitgenössischen Selbstdarstellung von Belgien oder Österreich weist noch auf sie hin. Nur in der Architektur des neunzehnten Jahrhunderts in Wien, Berlin oder Brüssel sind Überreste der einstmals geträumten Größe anschaulich. Aber Psychoanalytiker wissen, dass Verdrängtes nicht verschwunden ist. Im Gegenteil. Und zur Projektion des eigenen innerlich Abgewehrten lädt jemand wie Wladimir Putin, der die imperialen Aspirationen seiner Clique und seines Machtapparats ohne Hemmungen zur Schau stellt und zu strategischer Politik macht, natürlich unwiderstehlich ein. Das abgewehrte politische Unterbewusstsein der westlichen Mächte spricht mit der realen russischen Großmachtpolitik gleichsam von gleich zu gleich, auch wenn das ein unbewusstes Gespräch ist, ein machtpolitisches Geistergespräch. Unbewusster Imperialismus versteht realen Imperialismus intuitiv, in unbewusst eingespielten Gefühlsströmen einer emotionalen Nähe, die Prochasko als den „imperialen Eros" bezeichnet.

Aufrührerische Kolonien wie die Ukraine (Polen, die Slowakei) störten dieses imperialerotische Geistereinvernehmen als „empörend kleinkarierte Schreihälse“, wie er mit sanfter Ironie sagte. In die Interessenlagen und Gefühle der russischen Großmacht fühle sich der liberale Westen – paradox sei diese Verständnisinnigkeit nur bei oberflächlicher Betrachtung – leicht ein. Was dagegen ein Land wie Tschechien, Rumänien oder die Ukraine bewege, liege außerhalb seines intuitiven Verstehens. Von Russland habe man eine robuste Vorstellung, die manchmal zwar angstgeprägt sei, aber immer deutlich umrissen. Was man in kleinen mitteleuropäischen Zwischenländern denke und fühle, liege allzuoft außerhalb der westlichen Intuitionsmöglichkeiten. „Aber es gibt auch einen antiimperialen Eros“, sagte Prochasko. Der sei in Autonomie, Emanzipation, Naturrecht und Demokratie verliebt, inspiriert von Ideen Herders, der europäischen Romantik und vom Ideal der Nation (die im 19. Jahrhundert das historische Gefäß dieser Ideen gewesen ist).

Am Bistrotischchen des Café Atlas mit dem Blick auf den kolonial halberstickten Platz hatte sich der Erkenntnismoment ergeben, auf den diese Überlegungen – und eigentlich mein jahrzehntelanger Aufenthalt in Mittelosteuropa seit 1999 – halbbewusst von Anfang an hingesteuert sind. Der antiimperiale Eros. Ich begriff plötzlich, dass die jungen Menschen und die Störche von Trenčín, die Gedichte von Czesław Miłosz, die Renaissancefassaden von Krakau und Lemberg, die Barrikaden von Kiew, Adam Michnik, meine Krakauer Freundinnen, meine slowakischen Freundschaften, Stadtspaziergänge und Abendessen, meine tägliche Arbeit im Palais Potocki am Krakauer Hauptmarkt und im ehemaligen Generalkonsulat des deutschen Reichs im georgischen Tbilissi am Abhang über dem Rustaveli-Boulevard, dass all die Atmosphären, Erinnerungen, inneren Bilder, Lektüreeindrücke, Liebschaften, Freundschaften und Solidaritäten, die mir während meines reichen und glücklichen Lebens in den ehemaligen und jetzt freien Kolonien des russischen Imperiums über die Jahre zugefallen waren, der antiimperiale Eros waren. Ich hatte mich in meinen Jahren in Krakau, Bratislava und Tbilissi verwickelt (vielleicht verliebt) in die Freiheitsintuitionen, die in diesen Weltgegenden seit dem achtzehnten Jahrhundert entstanden und ausgearbeitet worden sind, und ich würde nie wieder zurückkehren können in die Gleichgültigkeit des Westens gegenüber dem russisch/sowjetischen Kolonialvorland (die immer auch eine Komplizität mit den östlichen Reichsträumen und Reichsrealitäten beinhaltet hat). Ich war in den eineinhalb Jahrzehnten, über die ich hier erzählt habe, unwiderruflich zu einem *fellow traveller* des antiimperialen Eros geworden.

Das imperialerotische Russland- und Mitteleuropanarrativ dagegen, dessen Illusionen und Denkfehler der auf diesen Seite vielleicht allzuoft bemühte Erhard Eppler nur am beredtesten ausplaudert (ich hätte auch aus Interviews zitieren können, die der sächsische Ministerpräsident Michael Kretschmer in diesen Tagen – Juni 2019 – nach seiner Rückkehr aus Russland in der deutschen Presse gibt; oder viele andere deutsche Politiker) ist auf dem langen Marsch der Achtundsechziger-Generation durch die politischen Institutionen entstanden. Seine Exponenten kommen aus ihrer politischen Sozialisation nicht heraus. Sie verwechseln 2019 mit 1970. Ihre Erzählung missversteht die expansive, risikobereite Russischen Föderation der Gegenwart, die erklärtermaßen das irredentistische Ziel einer „Sammlung russischer Erde" verfolgt, als im Prinzip dasselbe Land wie die Sowjetunion der späten sechziger und frühen siebziger Jahre – die im Gegensatz zum System Putin aber ein zutiefst defensives, machtpolitisch konservatives, an westlicher Kooperation dringend interessiertes Staatswesen war. Diese Verwechslung prägt noch solche Konzeptionen wie die der FDP, die sich auf das Genscher'sche Erbe beruft, wenn sie beispielsweise den Krimkonflikt „einklammern" will. Es ist wahr, dass Brandt, Genscher und Bahr zu Beginn der siebziger Jahre so manches „einklammern" mussten. Es ist aber ein Unterschied, ob man einer zunehmend ratlosen Großmacht vom Gipfel einer unhaltbar und gefährlich gewordenen Weltmachtstellung herunterhelfen muss, oder ob man einer aufstrebenden und aggressiven Regionalmacht ihre völkerrechtswidrigen Übergriffe nachsieht – und sie damit stärker und aggressiver macht. Viele an Politik interessierte Deutsche befinden sich innerlich noch in ihrer heroisch politisierten Jugend, als die Verständigung mit der Sowjetunion oder der Kampf gegen die Aufstellung westlicher Mittelstreckenraketen Parole waren.

Damit hängt es zusammen, dass auch gebildete Zeitgenossen dieser Generation nur ganz nebelhafte Vorstellungen von den Ländern und Gesellschaften zwischen Deutschland und Russland haben: von der polnischen, der litauischen, der ukrainischen oder auch der georgischen. Auch dieser Nebel ist in ihrer Jugend entstanden, als sie diese Länder in der Zeit ihrer Politisierung nur als Teil der Sowjetunion oder des „Ostblocks“ wahrgenommen haben. Prag 1968 war gar keine so große Überraschung. Es hatte den Ungarnaufstand von 1956 gegeben und den Aufstand in der DDR am 17. Juni 1953. Der jedoch als Anlass für revanchistische Feierstunden herzlich verachtet wurde. Niemand wusste oder interessierte sich damals dafür, dass die kommunistischen Regierungen in Polen, in Litauen und in der Ukraine noch bis in die fünfziger Jahre mit bewaffneten Aufständischen zu tun hatten und dass die Sowjetmacht in Georgien 1924 fast einem Volksaufstand zum Opfer gefallen wäre. Dass es in allen mitteleuropäischen Ländern ein ausgeprägtes, kulturell reich kodiertes und noch aus dem neunzehnten Jahrhundert stammendes nationales Freiheitsgefühl gibt, konnte man in den siebziger Jahren im Westen nur als reaktionäre Rückständigkeit lesen. Die Eppler-Kretzschmer-Fraktion hat es bis heute nicht anders gelernt. Sie ist in der Zeitschleife ihrer Achtundsechziger-Sozialisation gefangen. Auch mich würde noch täglich das Murmeltier grüßen, wenn mich meine mittelosteuropäischen Freunde und Freundinnen nach 1999 nicht eines Besseren belehrt hätten.

Das politische Unterbewusstsein meiner Generation hat es ganz offenbar noch nicht geschafft, Länder wie Polen, die Slowakei oder die Ukraine als eigenständige, gleichberechtigte und politisch handlungsfähige Staaten wahrzunehmen. Es fühlt politisch, ohne sich dessen bewusst zu sein, in Kategorien einer „Völkerrechtlichen Großraumordnung mit Interventionsverbot für raumfremde Mächte", wie ein Aufsatz Carl Schmitts von 1941 heisst. Nicht die NATO hat, wie die Eppler-Fraktion zu glauben scheint, Polen und das Baltikum sich einverleibt, sondern diese Länder haben, vertreten durch ihre frei gewählten Regierungen, um Aufnahme in das Verteidigungsbündnis ersucht und die für eine Aufnahme notwendigen Bedingungen erfüllt. Die Vorstellung, dass ihnen die NATO mit Rücksicht auf Russland eine Mitgliedschaft hätte verweigern sollen, verkennt das grundlegende Prinzip des demokratischen Völkerrechts, dass Länder ihre Bündniszugehörigkeit frei wählen dürfen. Und dass sie schon Gründe dafür haben werden, Putins Projekt einer russischen Wiederherstellung der Sowjetunion in den Grenzen von 1989 zu fürchten, obwohl der zu Schröders sechzigstem Geburtstag seine Kosaken so herrlich das Niedersachsenlied schmettern ließ.

Wie kann sich der EU-müde Westen mit den mittelosteuropäischen Freiheitstraditionen wieder in Kontakt bringen? Dazu ist kein Polonistik-, Hungarologie- oder Kaukasologie-Studium vonnöten. Ich denke, es würde helfen, einfach mal hinzufahren, staunend auf dem Krakauer Rynek oder dem Lemberger Rynok zu stehen, einen Abend im Café Atlas oder in einem Straßencafé von Bratislava an sich vorüberziehen zu lassen. Oder auch eine oder einen der Zehntausenden von Polen, Ungarinnen, Tschechen oder Georgierinnen, die in Deutschland leben (allein in Berlin wohnen und arbeiten 100.000 Menschen aus Polen) mal persönlich genauer kennenzulernen. „Heute verbinden uns die zivilen Netze stärker als alle Abkommen, die Sie hier in Brüssel aushandeln", heißt es in Hans Magnus Enzensbergers kritischer Ode an die EU. „Millionen von Fäden schaffen Interdependenzen, die sich Ihrer Kontrolle entziehen und die Sie weder knüpfen noch zerreißen können." Diese zivilgesellschaftlichen Rhizome kräftig über die unsichtbar immer noch wirksame Oder-Meisse-Linie wuchern zu lassen – das ist 30 Jahre nach 1989 immer noch die Aufgabe. Aus solchen Reisen und Begegnungen könnten dem deutschen Weltbewusstsein von unmittelbar vor der eigenen Haustür Anregungen zukommen, die ihm schmerzlich fehlen – ein noch nicht bekanntes Freiheitsgefühl, eine neue Lustigkeit, eine ungeahnte Eleganz, ein Hauch von Anarchie und Lebensfreude. Und vielleicht Geschichten, in denen sich die Geschichte einer gemeinsamen Zukunft spiegelt. Sie könnten die Geschichten ergänzen (fortschreiben), die ich hier aus den ersten Jahren des einundzwanzigsten Jahrhunderts erzählt habe.

Stephan Wackwitz,

geboren 1952 in Stuttgart, Schriftsteller und Publizist. Arbeitete viele Jahre für das Goethe-Institut und leitete die Vertretungen in Krakau, Bratislava, New York, Tbilissi und Minsk. Zuletzt erschienen von ihm „Die vergessene Mitte der Welt – Unterwegs zwischen Tiflis, Baku, Eriwan" (2014) und „Die Bilder meiner Mutter" (2015). Wackwitz lebt in Berlin.

ISBN 978-3-940524-86-7

Umschlaggestaltung: Gisela Kirschberg Berlin
Satz und Gestaltung: Gisela Kirschberg Berlin
Druck: bookpress.eu, Olsztyn

Gesetzt aus der Minion und der Frutiger